# Commentaire

Par Claudie Hamel

# Éthique

## L'origine et la nature des sentiments

Spinoza

lePetitPhilosophe.fr

# SPINOZA

## PHILOSOPHE HOLLANDAIS, PENSEUR DE LA LIBERTÉ

- **Né en 1632 à Amsterdam**
- **Décédé en 1677 à La Haye**
- **Quelques-unes de ses œuvres :**
    - *Traité théologico-politique* (1670)
    - *Éthique* (1677)
    - *Traité de la réforme de l'entendement* (1677)

Baruch Spinoza est né dans une famille juive portugaise. Fils de commerçant, il s'exerce aux affaires et est probablement voué au rabbinat jusqu'à ce que, soupçonné d'hérésie, il soit excommunié. Il se dédie alors à l'écriture et au polissage de verres optiques, activité qui lui permet de gagner sa vie. Il restera solitaire jusqu'à sa mort et même au-delà en raison de l'interdiction de publication de ses œuvres.

Imprégné de la science de son temps, de mathématiques et de physique, Spinoza conçoit le monde comme une totalité logique et rationnelle où tout ce qui existe est uni par une même essence divine. Il se penche sur des domaines aussi variés que l'éthique, la théologie, la politique ou encore le droit. Spinoza est également un philosophe de la liberté : selon lui, la connaissance rationnelle de ses propres passions et du monde permet à l'homme d'orienter son désir vers le bien, qui est la condition de sa liberté.

# L'ÉTHIQUE

## L'OUVRAGE D'UNE VIE

*L'Éthique* (1677) est sans conteste l'œuvre fondamentale de Spinoza, qui y déploie l'ensemble de son système philosophique. Il y expose en effet sa conception de la liberté comme condition du salut, du bien pour soi et pour autrui.

*L'Éthique* fut publiée après la mort du philosophe, en 1677. Divisée en cinq parties – « De Dieu », « De la nature et de l'origine de l'esprit », « De l'origine et de la nature des sentiments », « De la servitude humaine, ou des forces des sentiments », « De la puissance de l'entendement, ou de la liberté humaine » –, sa construction suit la « méthode géométrique » chère à Spinoza, fonctionnant par définitions, axiomes (ou postulats), propositions, démonstrations et explications.

# MISE EN CONTEXTE

## LE REDOUTABLE DIEU DE SPINOZA

*L'Éthique* de Spinoza se voit interdite de publication dès l'année suivant sa parution en 1677. Comme sa libre pensée valut au philosophe d'être excommunié par les membres de la synagogue, de même ses écrits suscitent la peur des puissants groupes religieux de son époque. Spinoza est accusé d'être matérialiste et athée. En réalité, **son Dieu menace la légitimité des autorités religieuses et du pouvoir monarchique en place**. Plus précisément, on craint Spinoza pour deux raisons :

- l'enseignement religieux reçu par le philosophe à l'école talmudique d'Amsterdam lui a inculqué un important savoir des textes sacrés ainsi qu'une forte rigueur argumentative ;
- outre son savoir, c'est paradoxalement sa foi inébranlable qui le rend menaçant, ainsi que sa conception révolutionnaire de Dieu.

Et, en effet, **Spinoza ne croit pas** en un Dieu juge des actions et du cœur des hommes, **à ce Dieu apocalyptique capable d'anéantir le monde** tel que nous le présente le christianisme. Pour lui, cette conception est basée sur une contradiction : **Dieu, étant l'essence de l'existence**, à la fois la cause et la preuve de tout ce qui est, **ne saurait détruire sa création sans se détruire lui-même**. Car **la nature**, chez Spinoza, est plus que le moyen par lequel s'exprime la volonté divine : elle **est le divin**. Autrement dit, **Dieu est la nature, à la fois l'essence et la substance du monde spirituel et matériel**. Et puisque l'homme fait partie de la nature, il prend part au divin. C'est plus précisément par sa faculté de comprendre que l'homme active sa part divine. En reliant chaque objet à la totalité de ce qui existe, la **connaissance conceptuelle** en éclaire l'essence divine partagée. La connaissance élève ainsi l'être à **un Dieu qui unit plutôt qu'il ne confine et contraint**.

Craindre Dieu est donc aussi absurde que croire que ce qui pose l'essence d'une chose et en est la substance puisse la supprimer. Le Dieu de Spinoza ne domine pas sa création tel un roi règne sur ses sujets, il est l'essence et la substance de tout ce qui existe. Inspirant l'émancipation des hommes, il devient redoutable pour le pouvoir en place, qui veut le discréditer en accusant Spinoza d'athéisme.

## DE L'ORIGINE ET DE LA NATURE DES SENTIMENTS

Dans l'*Éthique*, **Spinoza définit d'abord Dieu** (partie 1) et ses deux attributs, le corps et l'esprit (partie 2), avant d'exposer **l'origine et la nature des sentiments** (partie 3). Il définit trois sentiments primitifs – le désir, la joie et la tristesse – et compose à partir d'eux une quantité d'autres. La déconstruction à laquelle il procède par l'analyse de leur origine (ou cause) et de leur nature (ou de leurs propriétés) sert à la compréhension du sentiment. La connaissance de son sentiment ou affection est le seul **moyen pour l'homme de s'en libérer** (partie 4) et d'atteindre ainsi le potentiel d'un être conscient de lui-même et capable de **réaliser ce qui est**

**bon pour lui et pour les autres** (partie 5).

La proposition 59 dont traitera le commentaire ci-dessous est tirée de la troisième partie de l'*Éthique* qui, comme on vient de le voir, se penche sur l'origine des sentiments. Plus particulièrement, cette proposition illustre la conception qu'a Spinoza du **désir** : il l'envisage non pas en opposition à la raison, mais comme **une puissance du corps et de l'esprit**. Le désir est en effet **une force qui permet la conservation de l'individu** et celle de l'ensemble des individus unis par l'amitié. Il constitue **l'énergie fondamentale et commune à tous les êtres**. Celle-ci peut soit être motivée ou au contraire empêchée, voire même démotivée. Le désir dirigé par la raison active la pensée qui permet aux hommes d'**atteindre la connaissance claire** d'eux-mêmes et celle, toujours partielle, de Dieu.

# TEXTE

## L'ORIGINE ET LA NATURE DES SENTIMENTS

*Parmi tous les sentiments qui se rapportent à l'esprit en tant qu'il est actif, il n'en est pas qui ne se rapportent à la joie ou au désir.*

## DÉMONSTRATION

Tous les sentiments se rapportent au désir, à la joie ou à la tristesse, comme le montrent les définitions que nous en avons données. Or, par tristesse, nous entendons ce qui diminue ou contrarie la puissance[1] de penser de l'esprit *(selon la proposition 11[2] et son scolie[3])* ; et par conséquent, dans la mesure où l'esprit est attristé, sa puissance de comprendre *(intelligendi)*, c'est-à-dire d'agir *(selon la proposition 1)* est diminuée ou contrariée. Et par conséquent il n'y a point de sentiments de tristesse qui puissent se rapporter à l'esprit en tant qu'il agit, mais seulement des sentiments de joie et de désir, qui, *(selon la proposition précédente)* se rapportent à l'esprit en tant qu'actif.

---

1. « Je propose *potentiam* au lieu de *potentia* qui rend la phrase impossible à construire. D'ailleurs l'expression se trouve à la prop. 59 de la partie IV *(potentiam minuit et coercet).* » [Note du traducteur]
2. Une proposition veut dire ici une énonciation qui pose une relation entre un ou plusieurs termes.
3. Le mot « scolie » vient du grec *skholion*, lui-même construit à partir de *skholê* qui signifie « école ». Il s'agit d'une note critique ou d'un commentaire servant à démontrer autrement une proposition déjà démontrée.

C.Q.F.D.

## SCOLIE

Toutes les actions qui suivent des sentiments qui se rapportent à l'esprit en tant qu'il comprend, je les rapporte
à la *Force d'âme (Fortitudinem)*[4], que je divise en Fermeté
(*Animositatem*) et en Générosité (*Generositatem*). Car
par *Fermeté*, j'entends le *Désir par lequel chacun s'efforce
de conserver son être d'après le seul commandement de la
Raison*. Et par *Générosité*, j'entends le *Désir par lequel chacun
s'efforce, d'après le seul commandement de la Raison, d'aider
les autres hommes et de se lier avec eux d'amitié*. Aussi, les actions qui tendent à la seule utilité de l'agent[5], je les rapporte
à la Fermeté, et celles qui tendent aussi à l'utilité d'autrui, je
les rapporte à la Générosité. La Tempérance, la Sobriété et
la Présence d'esprit dans les dangers, etc., sont des espèces
de la Fermeté, tandis que la Modestie, la Clémence, etc.,
sont des espèces de la Générosité.

Je pense avoir ainsi expliqué et fait connaître par leurs
causes premières les principaux sentiments et flottements
de l'âme[6], qui naissent de la combinaison des trois sentiments primitifs : le Désir, la Joie et la Tristesse. Ainsi, nous
sommes agités de bien des façons par les causes extérieures

---

4. « *Fortitudo* se divise en *animositas* et *generositas*. Elle correspond
à l'*andreia* (le courage) d'Aristote. » [Note du traducteur]
5. L'agent est celui qui pose l'action.
6. Par *flottement de l'âme* Spinoza veut dire le doute ou le
ballotement de l'âme entre deux sentiments contradictoires. On
dit aussi ambivalence.

et, pareils aux flots de la mer agités par des vents contraires, nous flottons, inconscients de notre sort et de notre destin.

Mais j'ai dit que j'ai montré seulement les principaux conflits de l'âme, et non tous ceux qui peuvent se produire. En procédant en effet comme ci-dessus, nous pouvons facilement montrer que l'Amour s'associe au Repentir, au Dédain, à la Honte, etc. Bien plus, par ce qui a déjà été dit, je crois clairement établi pour chacun que les sentiments peuvent se combiner entre eux de tant de façons, et que, de là, naissent tant de variétés, qu'on n'en peut fixer le nombre. Mais il suffit à mon dessein d'avoir énuméré seulement les principaux ; car ceux que j'ai laissés de côté intéressent plus la curiosité que l'utilité.

Il reste cependant à remarquer, à propos de l'Amour, qu'il arrive très souvent que, jouissant de la chose que nous désirions (*appetebamus*), le corps acquiert dans cette jouissance une organisation (*constitutionem*) nouvelle qui le détermine autrement et que d'autres images de choses sont éveillées en lui, et qu'en même temps, l'esprit commence à imaginer et à désirer autre chose. Par exemple, quand nous imaginons quelque chose dont la saveur nous est d'ordinaire agréable, nous désirons en jouir, c'est-à-dire en manger. Or, tandis que nous en jouissons, l'estomac se remplit et le corps s'organise (*constituitir*) autrement. Si donc, le corps étant ainsi autrement disposé, l'image de cet aliment, parce qu'il est présent, est favorisée, et, par conséquent aussi l'effort (*conatus*), autrement dit le désir d'en manger, cette organisation nouvelle sera contraire à cet effort ou désir et donc la présence de l'aliment que nous désirions (*appetebamus*) nous sera odieuse : et c'est ce que nous appelons Dégoût et Ennui.

J'ai aussi négligé les modifications (*affectioes*) extérieures du corps qui se manifestent dans les sentiments – le tremblement, la pâleur, les sanglots, le rire, etc. – parce qu'elles se rapportent au corps seul, sans relation aucune à l'esprit.

Il faut enfin faire certaines remarques sur les définitions des sentiments. Je vais donc reprendre maintenant ces définitions dans leur ordre, et j'y intercalerai ce qu'il faut noter sur chacune d'elles.

SPINOZA (Baruch), *Éthique*, proposition 59, traduction de Roland Caillois, Paris, Gallimard, 1993, p. 239-241.

# EXPLICATION ET ANALYSE DU TEXTE

## LES SENTIMENTS PRIMITIFS

Il existe, pour Spinoza, trois sentiments primitifs constituant une base à partir de laquelle il est possible de configurer tous les autres. Il s'agit du désir, de la joie et de la tristesse :

- **le désir** est « **l'essence même de l'homme** », il est la conscience de son appétit, c'est-à-dire de sa détermination à faire ce qui est **utile à sa conservation et à l'accroissement de son existence** (ces définitions se trouvent à la p. 242 de l'*Éthique*). On peut le comprendre comme le sentiment de soi. La joie et la tristesse découlent directement du désir ;
- la joie est conçue comme une augmentation du désir. Elle **pousse l'homme vers une plus grande perfection** ou vers une plus grande puissance d'action ;
- au contraire, **la tristesse** est perçue comme une baisse du désir. Elle **diminue la puissance** d'exister ou la contrarie.

**Ces sentiments agissent à la fois sur l'esprit et le corps** : ils peuvent soit en alimenter la force (c'est le cas de la joie), soit en empêcher ou en amoindrir la force (c'est le cas de la tristesse). Lorsque l'action d'un sentiment sur l'esprit provoque la **perte de puissance**, cela le mène paradoxalement à la **passivité**. De même, l'excès de désir pour une chose peut mener à l'affaiblissement des capacités physiques et mentales d'un homme : il induit alors une distorsion dans la perception que cet homme a de lui-même ou des autres (il se percevra plus intelligent qu'il ne l'est en réalité ou exagèrera la force d'un adversaire).

## UNE INFINITÉ DE SENTIMENTS

**Les passions sont l'éther des hommes** qui, pendant toute leur vie, ne peuvent y échapper. En effet, **leur condition d'êtres finis et limités les lie aux autres êtres et choses** qui constituent autant de causes extérieures à leur essence. Le corps et l'esprit sont ainsi affectés d'une multitude de sentiments de diverses qualités et de nature différente. Les **sentiments primitifs** forment, chez Spinoza, une sorte de **structure fondamentale à partir de laquelle se construisent les autres sentiments**. Par exemple, l'amour est composé de la joie « accompagnée de l'idée d'une cause extérieure », c'est-à-dire de la joie que procure l'idée, l'image ou le souvenir d'une chose ou d'un être extérieur à nous-mêmes. De même, la haine se compose de la tristesse « accompagnée de l'idée d'une cause extérieure ». « Les sentiments peuvent se combiner entre eux de tant de façons, et que, de là, naissent tant de variétés, qu'on n'en peut fixer le nombre », explique le philosophe.

En outre, les êtres humains sont dotés de **différentes constitutions physiques et psychologiques** qui impliquent une **diversité de désirs et d'objets**. Leurs changements internes peuvent aussi jouer sur l'intensité du sentiment éprouvé et même le renverser. Car un objet n'est pas désirable en lui-même, il n'est pas bien ou bon en soi, mais dépend de la constitution de celui qui le désire, de ses variations ou de ses transformations. Autrement dit, **c'est parce qu'on la désire qu'une chose est bonne**, et non, à l'inverse, parce que cette chose est bonne qu'elle est désirée. Ainsi le même aliment peut, pour reprendre l'exemple de Spinoza, passer d'objet d'envie à celui de dégout ou d'ennui selon que le sujet ait faim ou soit repu.

## LA DUALITÉ DES SENTIMENTS

**Le désir est « l'appétit conscient de lui-même »**, comme nous l'avons expliqué précédemment ; il est la conscience de la motivation de tout être à perdurer. La conservation du corps et de l'esprit est donc dépendante de la vitalité et de la force du désir.

Pour Spinoza, il n'y a pas de dualité entre le corps et l'esprit. Il ne conçoit pas l'esprit comme une substance suprasensible qui dominerait la matière. **Le corps et l'esprit** sont tous deux **des attributs de Dieu**. Ils en expriment l'essence : le corps incarne **l'étendue de Dieu**, c'est-à-dire son être dans l'espace et dans la durée, tandis que l'esprit contient **l'idée de Dieu**, c'est-à-dire son être pensé. **L'homme, qui est corps et esprit, possède les deux attributs de Dieu : il l'incarne physiquement et le contient spirituellement.**

**C'est en s'exerçant à la connaissance que les hommes atteignent le divin.** Grâce à elle, ils cessent d'être éprouvés par les choses et les êtres pour en saisir le sens, c'est-à-dire les comprendre à partir de l'essence divine qui, au-delà de leurs singularités, les relie à la totalité. Cependant, étant des êtres limités par le temps et l'espace, chaque homme n'incarne qu'une partie de Dieu, de même que le concept qu'il s'en forme, sa faculté de le penser, ne peut en atteindre l'intégralité. Mais malgré l'insuffisance que représente chaque individu, tous possèdent l'essence divine en tant que corps et esprit. Alors non seulement, étant également propriétés de Dieu, **le corps et l'esprit** ne s'opposent pas, mais **ils évoluent en parallèle**, et jamais l'un au détriment de l'autre.

**La dualité se joue plutôt entre les sentiments qui se distinguent en nature ou bien en qualité** :

- en nature s'opposent par exemple **la faveur**, qui « est l'amour envers quelqu'un qui a fait du bien à un autre », et **l'indignation**, qui « est la haine envers quelqu'un qui a fait du mal à un autre » (p. 249). La première affection est **composée d'amour et est donc fondée en joie**, tandis que la seconde est **composée de haine et est donc fondée en tristesse** ;
- **certains sentiments n'ont pas de véritables contraires, tels ceux fondés sur une excroissance du désir, et qui empêchent ou contrarient la force de conservation. La gourmandise et l'ivrognerie**, par exemple, se caractérisent par un « désir immodéré » de la bonne chère et de la boisson. **La tempérance et la sobriété ne s'y opposent pas en tant que passions**, mais en tant qu'elles sont une « puissance de l'esprit ». **Cette puissance contre l'excès de désir**. Ainsi, entre la gourmandise et la tempérance s'opère un changement de qualité, qui distingue un sentiment diminuant ou favorisant les forces de l'esprit. Ainsi ce n'est jamais l'esprit qui domine ou réprime le désir. Bien plutôt, il accompagne l'appétit et le dirige, l'engageant à suivre la voie des sentiments qui font croître la puissance corporelle et spirituelle des hommes.

Ainsi, pour Spinoza, **l'opposition fondamentale se trouve entre les sentiments qui renforcent ou affaiblissent la force physique et mentale de l'être**, entre ceux fondés en joie et ceux fondés en tristesse.

## LA COMPRÉHENSION *VERSUS* L'IMAGINATION

**Le signe de la bonne santé de l'esprit, c'est son allégresse, autrement dit son activité.** C'est ce que Spinoza déclare en affirmant que « tous les sentiments reliés à l'esprit actif, à la pensée, se rapportent à la joie ou au désir » ; au désir en tant qu'il est énergie et à la joie en tant qu'elle l'augmente. Plus qu'une simple puissance physique, **le désir est aussi une force mentale, une action de la conscience** qui, en la guidant, assure la vitalité du corps et de l'esprit. Alors à travers la dualité entre, d'un côté, la joie et le désir, et de l'autre, la tristesse, se dessine l'opposition entre un esprit actif et un esprit passif :

- **un esprit actif** est tout simplement un esprit **qui pense et qui comprend**, c'est-à-dire qui **se forme des idées adéquates** de ses objets. Avoir une idée adéquate d'un objet signifie le réfléchir à partir du dénominateur commun qu'il partage avec l'ensemble du monde. En le rapportant à la totalité, l'esprit réunit l'objet avec son essence, puisque c'est par rapport à l'ensemble qu'il trouve son sens et sa raison d'être. Tout ce qui existe incarne une singularité dont la cause est hors d'elle puisque seul Dieu est cause en soi, c'est-à-dire que son concept et son essence sont une seule et même chose : ils sont identiques.

Dieu est la totalité et tout ce qui existe se rapporte à lui comme à son essence ;

- **l'esprit passif** ou l'esprit dont la puissance d'action, c'est-à-dire de penser, est affectée par la tristesse ou par un excès de désir, **se forme des idées inadéquates**. Ses idées sont confuses et obscures dans la mesure où la passion qui l'affecte l'empêche d'accéder à la totalité en le laissant errer dans la particularité des choses et des êtres. Pour Spinoza, un esprit pris dans sa singularité et dans celle de ses objets est **un esprit inconscient**. L'esprit étant balloté par les sentiments que sa condition lui fait éprouver, les idées qu'il réussit à se former sont le fruit de l'imagination et non de la compréhension. **L'imagination est le mode de réflexion d'un esprit impressionné** et qui, projetant ses impressions sur le monde, s'en crée des images ou des idées partielles (inadéquates). Celles-ci alimentent le sentiment et font tourner l'esprit en lui-même ; elles le confondent plutôt que de lui refléter la réalité avec clarté. La réalité étant la puissance d'être de toute chose, l'esprit ainsi embrouillé se méprend sur lui-même, sur sa propre essence, ainsi que sur celle de ce qui l'entoure.

**Esprit actif = idée adéquate = idée claire et conceptuelle = rapport à la totalité = compréhension**

**Esprit passif = idée inadéquate = idée confuse et partielle = rapport à la particularité = imagination**

## L'ÊTRE EN JOIE

Spinoza décrit **les sentiments qui diminuent la puissance** de l'esprit comme **des conflits de l'âme**, car celle-ci se trouve intérieurement divisée par la présence d'une cause extérieure contrevenant à sa compréhension. La résolution du conflit dépend de **l'analyse des passions** à laquelle doivent se livrer les hommes. Seule celle-ci peut **mener à la connaissance de soi**. En effet, c'est en les déconstruisant que l'esprit saisit le fonctionnement ainsi que les mécanismes des sentiments auxquels tous les hommes sont soumis. Ainsi il voit ce qui, dans les rouages du sentiment, le lie aux autres hommes et, ce faisant, quitte son état d'être singulier pour se raccorder à la totalité. Cet accord met fin au conflit et le libère de la passion. **L'esprit est alors réconcilié avec son essence** : l'homme a une idée adéquate de lui-même, il se comprend, c'est-à-dire qu'il se saisit clairement et conceptuellement.

Spinoza distingue **trois degrés** dans la connaissance de l'homme : l'esprit qui pense est toujours affecté de joie ; l'esprit qui se pense se raccorde en outre à Dieu, qui est son essence, l'origine et la cause de la vie. L'esprit qui se comprend est un être en joie.

## L'*ÉTHIQUE* : LE BIEN EST RATIONNEL

Pour Spinoza, **les actions qui résultent « des sentiments correspondant à l'esprit en tant qu'il comprend » sont l'œuvre de la Force d'âme**, qu'il divise en Fermeté et Générosité :

- **la Fermeté** est le désir par lequel chacun s'efforce de conserver son être d'après le seul commandement de la raison. On dénombre plusieurs espèces de fermeté : la tempérance, la sobriété, la présence d'esprit dans les dangers, etc. ;

- **la Générosité** est le désir par lequel chacun s'efforce, d'après le seul commandement de la raison, d'aider les autres hommes et de se lier d'amitié. Plusieurs espèces de générosité existent : la modestie, la clémence, etc.
- La Fermeté engendre les actions « qui tendent à la seule utilité de l'agent », alors que la Générosité engendre celles qui « tendent aussi à l'utilité d'autrui ».

**La Force d'âme dirige le désir** vers l'accomplissement de son travail de conservation. L'esprit actif, l'esprit qui comprend, correspond pour Spinoza à un désir qui se connait et qui, grâce à l'analyse de ses sentiments, les a en quelque sorte dépassés. Une fois libéré de ses passions, donc de sa passivité, il peut œuvrer à la pérennité des individus. Ce travail de conservation est logique et rationnel, car, à travers les hommes et le monde, c'est Dieu qui se réalise. Puisque l'essence divine est partagée par tout ce qui existe, la raison pour laquelle on se conserve soi-même est la même que celle qui nous pousse « à aider les autres hommes » et à nous lier d'amitié. Le désir d'exister en soi-même et avec les autres, de se satisfaire ainsi qu'autrui, est le fruit d'un esprit rationnel qui comprend que ce qui vaut pour son propre bien vaut pour le bien de tous. La philosophie de Spinoza affirme que **savoir est synonyme de désirer le bien**.

# CONCLUSION

**Le désir** tel que le définit Spinoza dans l'*Éthique* est « **l'essence même de l'homme** ». Il est la conscience de l'énergie qui pousse le corps et l'esprit à se conserver. Un désir porté par la joie verra sa puissance augmenter tandis qu'un désir affligé par la tristesse sera diminué dans sa force. Le désir et la joie font croitre le potentiel d'un individu – son potentiel spirituel, c'est-à-dire de penser et de comprendre, de même que son potentiel corporel, c'est-à-dire de se conserver comme entité physique. Le désir qui œuvre à la conservation de soi et des autres est commandé par la raison.

Cette théorie du désir et des sentiments en général ne les oppose pas à la raison. Au contraire, **l'analyse du sentiment** est un passage obligé pour l'homme qui, se comprenant lui-même, saisit la substance qu'il partage avec tous les autres hommes. Une substance le reliant à l'ensemble social et naturel qui s'exprime pourtant à travers et grâce à sa particularité.

Le système philosophique déployé par Spinoza dans l'Éthique établit un **rapport de réciprocité entre la particularité et la totalité** ; toutes deux s'expliquent mutuellement. **Spinoza est de ce fait l'inspirateur des idéalistes allemands**, comme Schelling (1775-1857), Fichte (1762-1814) et Hegel (1770-1831), lequel affirmera « Entweder Spinoza oder keine Philosophie » (« Spinoza ou bien aucune philosophie »). Même au-delà des frontières de la pure philosophie, Spinoza suscite l'admiration. Goethe (1749-1832), par exemple, considère que l'esprit du philosophe est beaucoup plus profond et pur que le sien, et le poète Hölderlin (1770-1843) s'en inspirera dans son Hypérion (1794). La philosophie sociale allemande du XXᵉ siècle s'y réfère elle aussi, notamment Adorno (1903-1969) et Horkheimer (1895-1973) dans la *Dialectique de la raison* (1944). Enfin, la théorie des sentiments de Spinoza ouvre la voie à la psychanalyse, fondée par Sigmund Freud (1856-1939) en 1900.

*Votre avis nous intéresse !*
*Laissez un commentaire sur le site de votre librairie en ligne*
*et partagez vos coups de cœur sur les réseaux sociaux !*

# POUR ALLER PLUS LOIN

## ÉDITION DE RÉFÉRENCE

- SPINOZA (Baruch), *Éthique*, traduction de Roland Caillois, Paris, Gallimard, 1993.

## ÉTUDES DE RÉFÉRENCE

- CLÉMENT (Élisabeth) *et alii*, *La philosophie de A à Z*, Paris, Hatier, 2000.
- LALANDE (André), *Vocabulaire technique et critique de la philosophie*, Paris, PUF, 2002.

# Rendez-vous sur lepetitphilosophe.fr et découvrez :

Plus de 1200 analyses
Claires et synthétiques
Téléchargeables en 30 secondes
À imprimer chez soi

ISBN version numérique : 978-2-8062-4557-1
ISBN version papier : 978-2-8062-4597-7
Dépôt légal : D/2017/12603/559

Conception numérique : Primento,
le partenaire numérique des éditeurs.